NOTES

EXTRAITES DES

PREMIERS REGISTRES DE L'HOTEL-DIEU

DE ROUEN,

Par M. Ch. DE ROBILLARD DE BEAUREPAIRE.

Au XVIe siècle , il s'opéra un important changement dans l'administration des Hôtels-Dieu. L'autorité civile s'attribua un droit de contrôle et de direction sur ces établissements , en y formant des conseils administratifs à côté des commuautés religieuses d'hommes et de femmes qui en étaient chargées depuis plusieurs siècles.

Envisagé à la distance d'un certain nombre d'années, ce changement a pu passer, aux yeux de plusieurs, pour un fâcheux empiètement sur le domaine ecclésiastique. Mieux eût valu, assurément, réformer ces communautés infidèles à leur mission. On se fût, de la sorte, moins écarté des intentions des fondateurs ; et il est permis de supposer que , sollicitées au nom de la charité et par ses organes naturels, les aumônes eussent été plus empressées et plus abondantes que celles

3

NOTES

EXTRAITES DES

PREMIERS REGISTRES DE L'HOTEL-DIEU

DE ROUEN,

Par M. Ch. DE ROBILLARD DE BEAUREPAIRE.

Au XVIe siècle, il s'opéra un important changement dans l'administration des Hôtels-Dieu. L'autorité civile s'attribua un droit de contrôle et de direction sur ces établissements, en y formant des conseils administratifs à côté des commuautés religieuses d'hommes et de femmes qui en étaient chargées depuis plusieurs siècles.

Envisagé à la distance d'un certain nombre d'années, ce changement a pu passer, aux yeux de plusieurs, pour un fâcheux empiètement sur le domaine ecclésiastique. Mieux eût valu, assurément, réformer ces communautés infidèles à leur mission. On se fût, de la sorte, moins écarté des intentions des fondateurs ; et il est permis de supposer que, sollicitées au nom de la charité et par ses organes naturels, les aumônes eussent été plus empressées et plus abondantes que celles que pouvait recueillir une administration laïque, plus propre, à raison même de son caractère officiel, à commander le respect qu'à exciter une généreuse sympathie. Mais cette réforme était-elle praticable, et peut-on affirmer qu'il fût au pouvoir de l'État de ranimer le zèle où il était absolument éteint? D'autre part, l'aggravation de la misère qui marque les dernières années du règne de François Ier, n'obligeait-elle pas à employer les moyens les plus prompts et les plus faciles qui se présentaient à l'esprit pour rendre aux pauvres ce qui leur appartenait légitimement, et ne servait plus qu'à procurer une vie douce et agréable à ceux qui n'en étaient que les économes et les dépositaires?

« Nous sommes dûment avertis, ainsi s'exprime François Ier dans son ordonnance de 1545 (1), que les hospitaux fondez en notre royaume ont esté mal administrés par ci-devant, et sont encore de pis en pis gouvernés, tant par leurs administrateurs que par les prélats de notre royaume qui doivent avoir l'œil sur iceux, lesquelz se sont efforcez et efforcent journellement vouloir appliquer à eux ou à leurs serviteurs le revenu desdits hopitaux fondez et en faire leur patrimoine, en contrevenant aux saintes institutions canoniques, intention des fondateurs... défraudant les pauvres de leur due nourriture et substentation. »

En ce qui concerne l'hôpital de Rouen, il est aisé de vérifier que ce reproche n'était que trop fondé.

Les pauvres y étaient négligés, le titre de prieur était recherché comme un bénéfice avantageux, et le culte divin, dans ce qu'il avait de moins pénible, était

_____

(1) Sur la réforme des hôpitaux.

devenu presque l'unique objet des religieux. Aussi, n'y a-t-il pas lieu d'être étonné de voir un établissement autrefois si populaire, tombé dans un discrédit général.

On en avait eu une preuve dès l'année 1512. M. de Sauveterre, vicaire de l'archevêque de Rouen, ayant représenté aux échevins qu'il serait opportun de venir en aide aux religieux de l'Hôtel-Dieu, le président de l'Échiquier, présent à l'assemblée des Vingt-Quatre, fit « remonstrance des grands biens que l'on faisoit, en subvenant à la nécessité des pauvres et malades des Hôtels-Dieu. » Mais il ajouta que, « puis peu de temps en ça, ceux de l'Hôtel-Dieu de Paris avoient fait semblable plaincte, par quoy avoit esté ordonné que leur revenu seroit veu, par lequel fut trouvé qu'il avoit de grans biens, et beaucoup plus que par eulx n'estoit employé aux pauvres, et que mesmement, en ung Hôtel-Dieu en Auvergne, il fut trouvé que leurs celliers et caves estoient plains de vin et qu'ils ne donnoient point aux povres, qu'ainsi en avait-il été encore à l'Hôtel-Dieu d'Orléans, où fut trouvé qu'ils estoient riches et puissans et plus qu'il ne falloit... Aussi leur bailla-t-on gens à leurs despens pour prendre garde sur les povres et malades : dont ils ne furent pas contents. » Le président n'avait osé attaquer directement l'Hôtel-Dieu de Rouen ; mais ce qu'il avait dit avait suffi pour mettre les échevins en défiance et pour les empêcher d'accorder les secours que l'on réclamait.

Les vices de cette administration devinrent encore plus sensibles quelques années après, sous le prieurat de Jean Le Tellier.

Il y avait alors, et depuis 1534, en la ville de Rouen,

une Chambre des pauvres qui siégeait au palais Le Parlement l'avait établie pour le soulagement des indigens valides, et plus encore pour la répression de la mendicité. Elle était composée de présidents, de conseillers au Parlement, de chanoines de l'église métropolitaine, de généraux de la justice, d'officiers du bailliage et d'échevins.

Cette chambre fut amenée, à la suite de faits de violence imputés à Le Tellier, à porter son attention sur le régime de l'Hôtel-Dieu.

Depuis vingt-cinq ans, il n'avait été rendu aucun compte du revenu. Le patrimoine des pauvres s'en allait de jour en jour en dissipations inutiles et en véritables dilapidations. On proposa donc de déclarer Le Tellier incapable de garder la direction de l'Hôtel-Dieu. On proposa, de plus, de l'astreindre à rendre des comptes et à déposer l'argent dans un coffre fermant à trois clefs, dont une serait remise à la Chambre.

Peu de temps après (28 juin 1553), le roi ordonna que la cour de Parlement commettrait dorénavant des gens honnêtes et solvables, en tel nombre qu'elle aviserait, pour régir le temporel de l'Hôtel-Dieu, en rendre compte et payer les religieux. Il lui manda « de pourvoir de médecin, chirurgien, barbier et nourrices audit Hôtel-Dieu, tant pour panser, médiciner les pauvres, que pour nourrir les enfants nouveaunés et exposés ; le tout en la forme et manière comme l'Hôtel-Dieu de Paris, et autres des bonnes villes du royaume avaient accoustumé de faire. »

Le régime de la spiritualité devait demeurer au prieur, « quant à la régularité et discipline des religieux et religieuses, pour le divin service et administration des sacrements...» Le Parlement et le procureur général devaient cependant prendre garde « si les offices du culte étaient dûment accomplis comme la charité et religion le désiraient. » Ils devaient encore « remédier au nombre superflu des religieux, et obliger le prieur à mettre en évidence les chartes, titres et enseignements concernant les fondations par un exact inventaire déposé au greffe de la cour pour en être fait un bon chartrier. » (1)

Malgré l'opposition du prieur, ces lettres-patentes furent enregistrées au Parlement, et, suivant l'arrêt rendu en conséquence, il fut tenu, le 2 juillet 1553, à l'Hôtel-de-Ville, une assemblée générale de tous les notables, où furent nommés comme administrateurs de l'hôpital deux conseillers à la cour : le président Louis Petremol, et Robert Le Roux sieur de Lesprevier ; deux chanoines de la cathédrale : Guillaume Gombault et Jean Romé ; deux bourgeois : Guillaume Le Seigneur, sieur des Croix, notaire et secrétaire du roi, conseiller moderne de la ville, et Estienne Febvrier, conseiller ancien. Il avait été décidé que trois administrateurs, un par chaque corps, sortiraient de fonction chaque année, et seraient remplacés par d'autres de la même qualité, élus pareillement en assemblée générale. Les six administrateurs prêtèrent serment devant le Parlement, et y firent confirmer leur nomination.

(1) Ce travail ne fut exécuté qu'en 1570 : « A esté commencé par Me Cavé à fere et continuer l'inventaire et recueil des lettres sur les papiers en deux volumes en parchemin, au prix de 2 s. 6 d. par heure, qui seroit 20 s. par jour, y besongnant 4 heures de matin et autant de relevée. »

Le prieur ne se soumit pas facilement à ce nouvel
ordre de choses. Quand les membres du Bureau vinrent
à l'Hôtel-Dieu, ils entendirent le prieur demander
« si les frères de la nouvelle escolle estoient assem-
blez, disant que ceux qui se mesloient de l'hôpital
estoient Luthériens et pires que Vaudois. » Il les traita
même de badins, ce qui parut dur « à des gens qui
avaient beaucoup de peine pour réparer la désolation
d'une maison dépourvue de tous biens et conseils...
nommés par élection faicte en la communauté de cette
ville, autorisée par la Cour... agissant sans profit ni
espoir d'icelui. »

Mais en vain le prieur eut-il recours aux évocations,
et, se prévalant de la protection du grand-aumônier,
porta-t-il l'affaire successivement au grand et au privé
Conseil, l'arrêt du Parlement fut maintenu, et il fut
fait défense, sous de fortes peines, aux religieux, de
revenir vers le roi. Tout ce qu'ils purent obtenir, ce
fut d'être libérés de la prison à laquelle ils avaient été
condamnés. Le Tellier, débouté de ses demandes, se
trouva trop heureux, à la fin, de pouvoir conclure
avec les administrateurs un concordat aux termes du-
quel il fut décidé qu'au prieur et à ses successeurs
demeurerait « la coercion et correction des religieux,
religieuses et converses, avec toute la spiritualité. » On
fit deux parts du revenu : l'une à la disposition des
religieux pour le culte; l'autre à la disposition de l'administration pour le soulagement des pauvres. On
accorda à Le Tellier, pour sa vie durant, l'ancienne
léproserie de Saint-Julien. Il n'en jouit pas longtemps :
on le trouva mort dans son lit d'une attaque d'apo-
plexie le dernier mai 1556. Son corps fut visité par

quatre médecins et enterré dans l'église de la Madeleine.

Les registres de la nouvelle administration, actuellement conservés aux archives des hospices de Rouen, commencent au mois de juillet 1553. Nous y puiserons quelques renseignements qui nous paraissent présenter de l'intérêt pour l'histoire de l'Hôtel-Dieu, et même pour l'histoire des mœurs, dans la seconde moitié du XVIᵉ siècle.

Le Bureau se réunissait trois fois la semaine. Le lieu des séances ne fut pas toujours le même. Ce fut tour à tour une salle de l'Hôtel-Dieu ; la maison du receveur ; en temps de peste, le monastère des Carmes.

Le receveur nommé en l'Hôtel-de-Ville, était le seul membre de l'administration dont les fonctions ne fussent pas gratuites.

Pendant longtemps, il n'y eut pas de secrétaire. On reconnaît dans les registres de délibérations l'écriture du président Petremol et celle du chanoine de Martinboz, chancelier de l'église de Rouen et vicaire général de l'archevêque.

L'autorité religieuse se montra favorable à l'œuvre de réforme entreprise par le Parlement. La présence de deux chanoines dans le Bureau en est déjà une assez forte preuve. Mais ce n'est pas la seule.

Le 20 août 1554, ce furent l'archevêque et l'official que le Bureau voulut d'abord avoir pour juges quand il se vit insulté par le prieur.

Le 14 janvier 1556, le cardinal de Vendôme, archevêque de Rouen, partant de son abbaye de Saint-Ouen, se rendit à son palais archiépiscopal et de là à pied à l'église de l'Hôtel-Dieu, accompagné de l'abbé

de Lisle, archidiacre, de M. Des Buas, conseiller au
Parlement et de Me Adam Secard, docteur en théolo-
gie, curé de Saint-Maclou, ses deux grands vicaires.
Il visita l'église et la salle des pauvres où on lui fit remarquer des couvertures de tapisserie aux armoiries de
Mgr d'Amboise. Il fut congratulé en l'apothicairerie
pár le président Petremol. Le 2 mars 1556, il fit une
nouvelle visite au Bureau, accompagné de ses vicaires,
de l'official et « autres gros personnages ».

Le 19 avril 1557, il offrit à dîner aux religieuses et
aux pauvres de l'Hôtel-Dieu, alors au nombre de deux
cent soixante-dix, « bien amplement et honorablement
comme à lui appartenait », et à cette occasion, les administrateurs exhortèrent les pauvres, « en chascun lit de
prier Dieu pour la santé et prospérité dudit seigneur
et prince et de toute sa maison. »

Le 7 octobre 1566, les administrateurs lui écrivirent
pour le prier de commettre un grand vicaire pour ouïr
les comptes du Bureau.

Dans une circonstance assez délicate, l'autorité religieuse fit encore cause commune avec le Bureau. Il
s'agissait de l'élection d'une prieure ; et les administrateurs prétendaient avoir droit d'y prendre part avec
les religieuses et les religieux suivant un arrêt du parlement du 8 janvier 1567, contrairement à l'avis du
prieur Lecoq pour lequel les deux communautés avaient
pris parti. Le Bureau obtint gain de cause, et l'élection se
fit au scrutin secret, le 11 janvier 1567, en présence
du vicaire général Jean Bigues, et de l'official Jean
Eudes.

Enfin, en 1570, le fameux père Possevin, un des hommes les plus savants du xvie siècle, mais moins connu

encore par son étonnante érudition que par ses travaux, comme missionnaire et comme négociateur, le
P. Possevin, étant venu prêcher le carême à Rouen,
à la Cathédrale, sur l'appel du cardinal de Bourbon,
n'hésita pas à prêter son concours aux administrateurs
de l'Hôtel-Dieu, en recommandant à la charité des
fidèles, la maison qui leur était confiée, et en y formant une confrérie de dames et de demoiselles, dans
le genre de celles qu'imagina plus tard saint Vincent-
de-Paul (1).

Lorsque, au mois de juillet 1551, le Bureau prit possession de la Madeleine, il y trouva quatre-vingt-cinq
pauvres, quatorze religieux dont cinq avaient des
offices : le prieur, le bailli, le rentier, le cellerier et le
grenetier, quatorze religieuses y compris deux novices.

L'ordinaire était, à *jour de chair*, pour les prêtres, au
matin, deux pièces de bœuf à 4 sous la pièce et un vanet
de mouton ; au soir, une épaule de mouton, un gigot
et une pièce de bœuf ; — pour les novices, au matin et

______

(1) Le P. Dorigny a rappelé ce fait dans sa *Vie de Possevin*.
Nous citerons à l'appui de son témoignage la délibération suivante : « Dudit jour, tiers jour d'apvril 1570, presens les dits
Rassent, Damours, Busquet, Le Tessyer, Graffart, Marquas. Est
venu mons. Possevyn, ayant presché le caresme dernier à l'église
cathédrale de Notre Dame, lequel dit que, ayant reçeu le mémoire
que lui avons envoyé au commencement du caresme dernier pour
remoustrer au peuple la necessité dudit Hostel-Dieu et princi-
pellement de linge pour la subvention et sepulture des paouvres
il avoit faict son debvoir de le remoustrer au peuple tellement
que par son advertissement plusieurs notables damoiselles et
dames de ceste ville avoient par les paroisses et maisons faict
ceuillette tant de deniers que de linge qu'ilz apportoient présen-
tement dont le dit sieur Possevyn a esté remercié (noms des

au soir une pièce de bœuf. On distribuait au matin et au soir, pour dix personnes, hommes ou femmes, un pot de vin. Il n'y avait du reste ni dessert ni entrée, et la maison ne fournissait pas de vestiaire, ce qui indique que les religieux ne faisaient pas vœu de pauvreté et n'étaient pas astreints à une règle commune.

Les prêtres percevaient en plus, pour leur usage propre, 40 livres en l'église Saint-Maur, où l'on disait la messe tous les lundis. Cette somme était fournie par la confrérie de Saint-Maur. On note aussi qu'ils y allaient dire vigiles tous les dimanches de mai, d'octobre et de carême.

L'Hôtel-Dieu jouissait du droit de haute justice et avait un bailli aux gages de 10 livres, lequel tenait sa juridiction à la Madeleine. Cette haute justice s'étendait à l'enclos de la Madeleine, à Saint-Maur, Saint-Julien, l'Aunay, et au Nid-de-Chien. Elle connaissait des appels de quatre vicomtes ou juges inférieurs siégeant l'un à la Madeleine, l'autre à Grand-pré, le troisième à Hautot, le quatrième à Vattetot.

dames : Mlle d'Espine Chandellyer, Mlle Du Quesnay, mesdames Paviot, Le Sueur, Damours, de Bonards, Noel, Houdemare, Poulain, Berard, Hellouin, d'Infreville, Pavye, Machecrier, de Laval, Cavé, de Bauquemare). Et davantage a esté remoustré par le dit sieur Possevyn que les dites damoiselles et dames et autres de ceste ville en grand nombre avoient delibéré de se mètre de la confrayrie de la Magdalayne et faire tellement que chascun jour, pour le moins au disner des paouvres, se trouveroyent deux ou troys des dites damoiselles et dames qui viendroient visiter les paouvres du dit Hostel Dieu pour les conseiller et souvent leur apporter quelques petites confitures et autres choses seullement pour les plus acablées de maladie, dont par semblable, lesd. sieur Possevyn et damoiselles et dames ont esté remercyez. »

Le revenu avait été évalué, dans une information du 14 août 1552, à 7,200 livres. Il était formé, pour une partie, par le revenu des *pardons* ou indulgences. Ces *pardons* se mettaient en adjudication suivant un usage général alors. Jean Morelet, prêtre, curé de Saint-André, les obtint sur l'enchère de 1,000 livres, le 20 juillet 1553.

Sur la demande de ce fermier, on décida, le 20 septembre 1553, de faire des démarches auprès des grands vicaires, afin qu'il fût *donné empeschement* aux Pénitents de Paris qui prétendaient faire publier leurs *pardons* dans le diocèse de Rouen.

Ces *pardons* ne pouvaient se recueillir dans les églises qu'après que les doyens des divers doyennés avaient informé par lettres spéciales les curés de léur circonscription des quêtes que se proposait de faire le messager de l'Hôtel-Dieu.

Les *deniers à Dieu* consistaient en un droit perçu au profit de l'hôpital à l'occasion des adjudications volontaires ou par décret faites en justice. Le 8 novembre 1533, on fit dresser des lettrès missives aux lieutenants des baillis de la province pour les *deniers à Dieu*. On les voit adjugés, le 13 février 1555, pour une somme de 900 livres.

L'Hôtel-Dieu possédait, à peu de distance de Rouen trois manoirs, la Motte, l'Aunay et Saint-Julien. Les administrateurs les visitèrent le 26 juillet 1553. Ils trouvèrent à l'Aunay une petite maison qui y avait été construite, en 1535, par les conseillers de la ville, conformément à une ordonnance de la cour, « pour en icelle, en temps de peste, laver les habillements des pestiferez qui y étoient portez de la ville par eaue de laquelle on descendoit en la dite maison. » On avait construit près de là une chapelle où l'on disait la messe tous les dimanches.

A Saint-Julien, il y avait un vigneron, loué à l'année ; on y récoltait du vin que l'on vendait *en triballe* aux bourgeois de Rouen. Cette mention de la culture de la vigne dans une localité si voisine de Rouen est remarquable. A la même époque, on cultivait encore la vigne à Rouen, sur l'autre rive de la Seine, dans le quartier de Saint-Gervais. Mais là le raisin récolté ne servait qu'à la fabrication du verjus dont on faisait autrefois un très grand usage.

A côté de la ferme, il y avait une maison de plaisance qui fit retour à l'Hôtel-Dieu après la mort du prieur Le Tellier (1).

Le service médical de l'Hôtel-Dieu était confié à un médecin nommé Fierabras qui devait visiter, chaque jour, les malades, et auquel on payait 30 livres de gages par an.

Il y avait, de plus, un barbier (Guillaume Lelaige) aux gages de 8 livres par an, sans compter les faibles profits qu'il pouvait tirer des *phlébotomies* des religieux et des religieuses.

C'étaient, ce semble, une charge assez peu lourde, et des appointements bien modestes. Cependant, les administrateurs essayèrent de réaliser quelques écono-

(1) En 1556, l'abbé de Lessay s'y installa, par permission des administrateurs, dans l'espoir d'y recouvrer la santé. Il y resta plusieurs mois, et se retira sans dire adieu à personne et sans prendre congé du Bureau qui ne fut pas peu surpris d'apprendre que, pour tout témoignage de reconnaissance, il avait envoyé à l'Hôtel-Dieu 2 doubles ducats.

mies de ce côté. Ils citèrent devant eux les médecins, les chirurgiens, et les apothicaires de la ville, et firent appel à leur zèle et à leur désintéressement en faveur des pauvres.

Les premiers offrirent de donner, chacun à leur tour, de mois en mois, *leurs recettes* à ceux qui leur seraient envoyés par le Bureau. On ne voit pas qu'ils se soient engagés à faire des visites quotidiennes à l'Hôtel-Dieu.

Les chirurgiens déclarèrent qu'il était absolument indispensable « d'avoir une personne qui eust gages pour médicamenter les pauvres, ce qui ne les empêcherait pas de donner alternativement, deux à deux, conseil de ce qui seroit à faire. » Ils proposèrent de chercher parmi leurs apprentis s'il n'y en aurait pas un qui voulût accepter le service de l'Hôtel-Dieu dans l'espérance d'arriver à la maîtrise sans passer par ces formalités gênantes de la jurande que, près de deux siècles après, les chirurgiens de Rouen osèrent bien imposer au célèbre Le Cat, dans lequel ils ne voyaient qu'un intrus, quand ils auraient dû le saluer comme leur maître et comme l'honneur de leur profession.

Quant aux apothicaires, ils se bornèrent à émettre l'avis qu'on ne pouvait se dispenser d'avoir un appartement particulier pour faire diète ; et ils promirent de faire bientôt leur rapport sur le lieu où il leur paraîtrait plus convenable de l'établir.

Les administrateurs durent bientôt comprendre quelle erreur avait été la leur de compter sur la charité privée pour des œuvres qui exigent une application de tous les jours. La maladie et la pauvreté frappent sans relâche ; et les hommes les meilleurs ont leurs

heures de tiédeur, de découragement et même d'égoïsme. Il fallut donc continuer d'avoir un médecin
et un chirurgien en titre. Mais le défaut de ressources
était tel qu'on ne put leur faire que de très faibles
appointements, et encore les payait-on fort inexactement. Le 10 août 1556, on était en retard de quatre
années avec Fierabras : il se plaignit, menaça même
de se retirer si l'on ne faisait droit à sa réclamation.
On se le tint pour dit. Mais ses gages ne furent augmentés qu'en 1571.

Le 17 avril 1556, on accorda au chirurgien la somme
de 9 livres pour lui aider à remplacer les vêtements
qu'il avait usés au service de la maison, et on décida
qu'il aurait à l'avenir un demion de vin par chaque
jour d'été.

En 1606, les gages du chirurgien Jean Huc étaient
de 4 francs et demi par mois. Il pansait non-seulement
les malades ordinaires, mais ceux de la contagion. Il
demanda un aide, se prétendant hors d'état de suffire
seul à un service aussi fatigant. On lui refusa l'*aide*,
et on lui accorda 10 livres d'augmentation par mois à
titre d'encouragement. Ses gages furent de nouveau
augmentés, mais dans une proportion qui nous semble
encore bien insuffisante, le 5 juillet 1608.

Tous les jours de Bureau, les administrateurs notaient le nombre des pauvres admis à l'Hôtel-Dieu. Il
avait été enjoint au confesseur de la maison qui continuait à être pris parmi les prêtres séculiers de la
ville d'en tenir registre, et ce fut assez longtemps,
d'après ses indications que cette constatation s'inscrivit dans les registres de délibérations. J'en ai dressé un
tableau aussi exact que possible. Je n'en rapporterai

ici que quelques chiffres. Il résulte de ce tableau que le nombre *maximum* des pauvres s'éleva en 1553 à 73 ; qu'il varia, en 1554, entre 88 et 44 ; en 1555, entre 96 et 42 ; en 1556, entre 203 (le 25 novembre) et 74 (4 janvier) ; en 1557, entre 270 et 206. Le nombre *maximum* des enfants fut de 30 en 1557 (le 17 avril) ; le nombre *maximum* des femmes à la gésine fut de 14, en 1555 (le 24 et le 26 décembre 1555). Mais souvent les chiffres pour les enfants admis et pour les femmes en couche descendit jusqu'à zéro. On voit aussi que de fois à autres on recevait quelques prisonniers malades de la conciergerie ou des prisons de l'officialité auxquels le pain était fourni par le roi ou par l'archevêque.

Pour soigner les malades, il y avait, en 1555, de sept à huit serviteurs ou chambrières, une dame de la gésine et une femme que l'on nommait la coucheresse. Celle-ci pouvait admettre provisoirement les pauvres, dans l'intervalle d'une séance du Bureau à une autre. Les administrateurs se réservaient de statuer définitivement sur les admissions.

Le dernier décembre 1556, il y avait à l'Hôtel-Dieu quatre pauvres par lit. Les temps étaient durs. On note, le 13 mars 1557, que les malades étaient apportés en grand nombre, et que la plupart ne tardaient pas à mourir. « Le 24 avril 1557, la prieure déclara que la mortalité continuait, bien qu'il n'y eût pas de maladies contagieuses ; qu'il venait beaucoup de malades de la ville qui étaient tous nus, et que les curés et les vicaires les devraient enterrer. »

Pendant quelques années seulement, on admit des vérolés à l'Hôtel-Dieu. Le dernier avril 1554, on parla d'affecter à cette sorte de malades un local particulier.

Le nombre, sans doute, en était peu considérable. On constate qu'il n'y en avait que deux le 29 octobre 1554. Un soldat qui revenait du camp fut mis à la *surie*, comme vérolé, le 2 décembre 1554. Ce mot désigne évidemment un appartement fortement chauffé de manière à favoriser les transpirations. Le 13 février 1554, on accorde aux vérolés deux fagots et deux bûches « pour leur peine ordinaire, pour ceux qui suent. »

Soit crainte de la contagion, soit confiance dans le traitement d'un barbier nommé Ivon, on renvoya de l'Hôtel-Dieu à la maison de cet empirique un vérolé le 11 mars 1554. Un autre vérolé est renvoyé également à un barbier de Saint-Sever, le 11 juin 1555. Le 27 avril de cette année, on constata qu'il n'y avait plus de vérolés à l'Hôtel-Dieu ; qu'on avait délibéré de les faire guérir à l'extérieur, aux dépens du trésor de la *boîte des pauvres*. Le 22 mai suivant, on avait congédié définitivement la femme qui en avait la garde, et l'on avait affecté à un autre usage, la chambre qui avait été destinée au traitement de ces malades.

Dès 1554, la taille était pratiquée par un spécialiste nommé Bastien Laudon. Le 7 mai de cette année, on lui commanda « d'inciser un pauvre homme malade de pierre.» Le 11 mai 1555, ce chirurgien vint déclarer qu'il avait visité une pauvre femme qui lui avait été désignée, et qu'il avait reconnu qu'elle n'avait pas la pierre, mais « qu'il avait taillé de boyau un homme de quarante-cinq ans nommé Paquet de la Vente.» — On voit par là que ces opérations avaient été pratiquées sur l'ordre et aux frais du Bureau, mais en dehors de l'Hôtel-Dieu. — Il paraît en avoir été de même pour le traitement des blessés ; le Bureau les faisait soigner chez eux par des chirurgiens qu'il désignait et qu'il payait. Le 18 février 1555 , Guillaume Le Cordier, solliciteur au Palais, vint « remoustrer qu'un nommé Mathieu Selle, paveur, puis ung mois , avoit esté outragé et fort blessé à sang et à playe par ung soi-disant gentilhomme nommé messire Guillaume de Coutances, de quoy estoit en danger apparent de sa vie, et que les chirurgiens qui l'avoient pansé jusques à huy le voulloient abandonner, pour ce que le dit Selles n'avoit plus de quoy les contenter, requérant que le barbier de l'Hostel-Dieu feust envoyé panser le dit Selles, entendu qu'il n'avoit esté pansé d'ung jour, sur laquelle remoustrance a esté faict venir Germain Pain et Thomas Deshayes, qui disoient avoir pansé le dit Selles avec Me Nicolle Ruelle , aultre chirurgien, les-quelz ont dit venir de panser le dict Selles , et ont promis qu'ils ne abandonneroient iceluy, neantmoins sa pauvreté ; et sur leur sallaire, s'ils ne voulloient attendre l'ordonnance de justice sur la provision , renvoyés au prochain Bureau des pauvres qui tiendra dimanche prochain. »

Ce Bureau des pauvres valides distinct du Bureau de l'Hôtel-Dieu , était une commission pour la distri-bution de secours à domicile , et plus encore pour la répression de la mendicité , qui avait pris un effrayant développement dans toutes les villes dans le cours du xvie siècle. Ce serait un curieux problême que de rechercher pourquoi le moyen-âge avait échappé à cette misère, et par suite de quelles circonstances elle naquit pour ainsi dire avec l'époque de l'histoire moderne.

Une ordonnance de cette commission, un peu posté-rieure à 1556, porta les dispositions suivantes :

« Les pauvres, s'ils ont des enfants ayant le calcul ou qui soient grevez, sont tail'ez par l'opérateur, qui en a salaire, et en a taillé plus de quatre-vingts, dont, par la grâce de Dieu, il n'en est mort qu'un ou deux.

« Par le dit Bureau, pauvres jeunes hommes ou filles ou femmes, qui, par accident, ont la vérolle, sont garis pour la première fois seullement aux depens de l'aumône, et, sur ce, le Bureau a considéré qu'autrement seroit une perpétuelle charge; mais étant garis, peuvent faire leur mestier.

« Par le dit Bureau, s'aucun pauvre s'est blessé ou rompu bras ou jambes ou eu quelque autre accident, il est ordonné estre guari, et le barbier payé du Bureau selon la délibération qui est prise en icelui. »

Ces dispositions devaient réduire, dans une proportion assez notable, le nombre des malheureux à la charge de l'Hôtel-Dieu.

Souvent aussi il borna ses secours à de légères subventions pour entreprendre des pélerinages, notamment à saint Main, ou pour aller consulter quelque praticien de village, renommé pour la guérison de la teigne ou de la goutte. Le dernier avril 1554, on accorda 60 sols à un chirurgien pour guérir une pauvre fille malade des gouttes. Cependant on voit, le 26 novembre de la même année, deux hommes sujets à la même maladie demander « que miséricorde leur fût faite pour leur faire faire, à l'Hôtel-Dieu, la diette selon l'ordonnance du médecin. »

Pendant assez longtemps l'Hôtel-Dieu servit d'asile à quelques enfants trouvés; mais on se tromperait beaucoup si l'on s'imaginait que l'assistance publique eût aussi fort à faire de ce côté que de notre temps.

L'ancienne société avait ses bâtards ; mais les parents portaient franchement, du moins, la responsabilité de leurs faiblesses. Ils ne reniaient pas leurs enfants et n'en imposaient pas, par un lâche abandon, la charge aux villes et à l'État, ce qui est, en même temps qu'une sorte de vol, un mépris honteux des sentiments que la nature a pris soin de graver au fond de notre cœur.

On compte huit ou neuf enfants à la charge de l'Hôtel-Dieu, en 1556 ; et, le croira-t-on, c'est une des années où il s'en rencontre le plus ; et encore n'oserai-je affirmer que tous fussent des enfants naturels.

On leur donnait des noms assez singuliers empruntés au lieu ou à la fête du jour où on les avait trouvés : tels que Jacques de la Fontaine, Jean de Saint-Pol, Marie de Notre-Dame, Raphaël de Saint-Michel, Jean de Boislambert, Guillemette de Saint-Jean, ou bien encore Richard *Lætare*, Louis de la Cendre, Pasquet du Vendredi saint, Thomas de la Procession. Un enfant ayant été exposé le 11 décembre 1556, fut nommé *Virgile Palinot*, en souvenir du concours de poésie qui avait eu lieu quatre jours auparavant, à Rouen, pour la fête de l'Immaculée-Conception. Un autre pour un motif analogue reçut le nom de *Jubilé*.

Il est vrai que la recherche de la paternité était alors universellement admise, que dans les actes de baptême on ne manquait jamais d'insérer les déclarations des voisins et des sages-femmes, et surtout celles de la femme dans les douleurs de l'enfantement. Ces aveux recueillis dans un moment où le danger de la mort et la force de la souffrance sont une garantie de véracité, n'étaient après tout qu'un commencement de preuve. Cependant, dans les actes de l'état civil, je ne me rappelle pas de les avoir vus contredits par les déclarations du père présumé. Ce qui m'a paru plus extraordinaire c'est de voir à l'officialité de Rouen, un siècle plus tôt, alléguer comme preuve de paternité la ressemblance entre l'enfant et un anglais nommé Rempston. J'aime à croire que les juges de l'officialité étaient assez bons physionomistes pour discerner la vérité par ce.te manière qui nous paraît aussi simple que trompeuse.

Les enfants étaient mis en nourrice généralement chez des gens de la campagne. Les prix étaient, de 1554 à 1560, 10 livres et une paire de chaussettes par an. Le 24 juillet 1566, le prix fut porté à 14 livres (1). Il se présentait assez fréquemment des personnes charitables qui demandaient à prendre des enfants à leur charge, *gratis* pour l'amour de Dieu. Dans ce cas comme dans l'autre, on faisait prêter serment devant la dame de la gésine à ceux auxquels on les confiait de les bien nourrir et de les *garder de fortune* (2).

L'Hôtel-Dieu admettait à la gésine non-seulement les femmes pauvres mariées, mais encore quelques femmes qui étaient devenues grosses en dehors du mariage.

(1) Il était de 11 écus ou de 33 l. le 12 avril 1603.

(2) Le 14 décembre 1604, le Bureau bailla à un passementier de Rouen une petite fille, parvenue à l'âge de huit ans, à charge de l'élever à la religion catholique, de l'entretenir, de lui faire apprendre le métier de lingerie, de lui donner bonne instruction requise. Il fut convenu que cette enfant serait obligée de servir son maître sept ans entiers, et que les administrateurs lui feraient donner la jurande au Bureau des pauvres valides dans deux ans.

A l'égard de celles-ci, nous devons signaler une pratique assez singulière. *Pour vitupère*, quand elles relevaient, elles portaient un chaperon et il paraît par la déposition de la prieure que, précédemment, elles allaient à l'église nu-tête et que cet usage n'avait été abrogé que du temps du prieur Dupuis.

. Les Administrateurs de l'Hôtel-Dieu jugèrent à propos de supprimer absolument ces distinctions humiliantes. Ils avertirent la prieure qu'à l'avenir « telle honte ne debvoit estre faite à une pauvre fille », et ils se déterminèrent d'autant plus volontiers à ce changement qu'on les avait avertis, « qu'en baillant argent telle honte estoit racheptée », 4 mars 1555.

Bien que le nombre des femmes admises à la gésine, pas plus que celui des enfants recueillis, n'ait jamais été considérable à l'Hôtel-Dieu, nous devons constater, non sans quelque surprise, que les Administrateurs prirent des mesures pour le restreindre et même pour se débarrasser des uns et des autres. — 15 janvier 1563. « Nous a esté remonstré par mons. le Normant, procureur de la haute justice de la Magdalaine, qu'il y avoit en l'Hostel-Dieu plusieurs femmes grosses et jusques au nombre de sept, lesquelles ne sont en terme de gésine et se retirent en ce dit lieu pour couvrir leur turpitude, qui n'est sans grantz frais pour ledit Bureau, à ceste cause a esté ordonné que à l'advenir, le recepveur apportera les noms des femmes grosses qui se présenteront, ensemble quelz père et mère, parents ilz ont eu, de quel lieu et paroisse ilz sont, et s'ilz sont servantes, en quel lieu ilz ont servy, et de quelles maisons elles sont parties pour ordonner ce qui sera de raison ; et oultre avons ordonné qu'il

sera fait poursuyte à l'advenir contre lesdictes femmes
qui auront esté gesinez que mesmes contre leurs parents, ensemble ceulz qui les auront abusez, pour la re-
pétition de leur despence, laquelle leur sera demandée
par emprisonnement de leurs personnes. »

29 janvier 1583. « Avons, cedit jour, faict évoquer
le bailly, procureur et greffier de la seigneurie et haulte
justice de la Magdalaine sur l'advertissement que nous
avons eu de grand nombre de filles enceintes qui se
retirent à l'Hostel-Dieu où estant acouchéez laissent
ledit Hostel-Dieu chargé de la nourriture et allimentz
de leurs enfantz qu'ilz leur doibvent par nature, ce que
nous avons prins pour une vraye exposition, et pour
ceste cause nous avons adverty ledit procureur de re-
quérir cy-après puynicion corporelle allencontre de
celles qui laissent ledit Hostel-Dieu (chargé) de ladite
nourriture. »

En 1602, les Administrateurs élevèrent la prétention
que les enfants à leur charge, une fois parvenus à l'âge
de huit ans, devaient passer à celle du Bureau des
pauvres valides. Cette prétention ne fut pas admise.

Une délibération de 1611 prouve qu'à cette époque
l'Hôtel-Dieu était à peu près complétement déchargé
de l'assistance des enfants trouvés. Tout ce que réclamait de cet établissement le premier président du Parlement, comme président du Bureau des pauvres valides, c'était qu'on y reçût « les enfants qui seroient
portez, trouvez et exposez par les rues de ceste ville,
afin de les faire baptiser et iceulx nourrir jusques à la
prochaine séance dudit Bureau des valides où ils seroient apportez pour leur estre pourveu de nourriture
et entretenement. » On prit en considération la néces-

sité qu'il y avait de faire conférer le baptême sans retard aux enfants, et on décida, conformément à la demande du premier président, que « d'ores en avant les enfants exposez dans cette ville seroient receus à l'Hostel-Dieu pour y estre baptisez et aussi aydez de nourriture jusques au prochain jour seulement que les sieurs administrateurs du Bureau des valides assembleraient en leur dit Bureau auquel jour ils seraient tenus prendre lesdits enfants pour les faire alaicter et nourrir d'autant que ce n'est la charge de ce Bureau recepvoir les enfants exposez que ceulx que se trouveraient sur les degrez de l'Hostel-Dieu ou en l'enclos et ès environs d'icelui. »

Les registres de délibérations de l'Hôtel-Dieu, à la date du 30 juillet 1554, font mention d'un religieux troublé et furieux qui était enchaîné; 20 livres furent dépensées, au compte de la communauté, pour faire une cage de fer où on le renferma, 17 novembre 1554.

Il s'agit, remarquons-le, d'un religieux du couvent de la Madeleine, et non point d'un étranger admis à l'Hôtel-Dieu à raison de sa folie. Les hôpitaux n'étaient point faits pour les fous. Leur soin regardait exclusivement leur famille. Quand ils devenaient furieux et que leur état inspirait des inquiétudes pour la sécurité publique, ils étaient enfermés dans des prisons aux frais de leurs parents, si ceux-ci en avaient le moyen ; au cas contraire, aux frais du *commun* des habitants de la paroisse, conformément à un article de la coutume de Normandie.

Nos registres nous révèlent cependant un curieux usage relatif aux aliénés. On sait que saint Mathurin était particulièrement invoqué pour la guérison des

fous. Il y avait, à Saint-Vivien de Rouen, une chapelle dédiée à ce saint ainsi désignée dans une délibération du 1er juin 1555. « La chapelle à Saint-Vivien
où sont guéris les insensés. »

Le 6 mai 1555, les administrateurs de l'Hôtel-Dieu
mandèrent le garde ou chapelain de cette chapelle pour
y faire mettre Jeanne Quibel ou Quiboust, pauvre fille
malade insensée. Le 10 du même mois, on la trans-
porta dans cette chapelle où l'on disposa un lit pour
elle ; et on l'y laissa neuf jours durant, après s'être
engagé à payer au garde 4 sous pour chaque jour de la
neuvaine.

Je ne suppose pas que cet usage ait duré longtemps.
Il est à remarquer, en effet, que Farin dans son *Histoire de Rouen*, ne fait pas mention de chapelle de
Saint-Mathurin à Saint-Vivien. J'ai bien rencontré
dans les registres de l'officialité au xve siècle des personnes condamnées pour avoir dit, dans la colère, de
gens auxquels elles en voulaient : « On devrait bien
les conduire à saint Mathurin (1), » comme nous dirions
à Charenton, ou aux Petites-Maisons. Mais rien ne
prouve qu'elles voulussent faire allusion à la chapelle
de Saint-Vivien. Il est plus probable qu'elles enten-
daient parler de Larchant en Gâtinois, lieu tellement
célèbre par le culte et le pèlerinage de ce saint qu'il a
fini par en prendre le nom.

(1) On voit, par les injures adressées en 1537 à l'abbesse Claire
de la Fayette, que saint Victor était, comme saint Mathurin,
l'objet d'une dévotion particulière pour la guérison des aliénés.
« Nous sommes gouvernés, s'étaient permis de dire plusieurs
habitants de cette ville, par une folle enragée laquelle a été
menée à S. Victor et longtemps emmeniclée. »

Les registres de délibérations du Bureau de l'Hôtel-Dieu nous révèlent l'existence d'un Palinod particulier, dont il n'est resté nulle autre trace, à ma connaissance, et que jusqu'à présent aucun historien n'a signalé.

Le lundi 25 mars 1556 on marque que le Bureau ne fut tenu « tant pour la feste de Notre-Dame que pour le jugement des Palynots du Puy. »

Le penultième de mars de l'année suivante, mention analogue : « N'a esté tenu Bureau à cause du Falinot des pauvres tenu en la maison de la ville. »

« Lundi 12 avril 1556, s'est tenu le Palynot des Pauvres aux Augustins en leur refectoir pour la maison de la ville occupée en corbeilles et panniers pour les ouvrages où besongnent les pauvres jusques au nombre de 7500. »

Il résulte de ces textes que le Palinod des pauvres était protégé, par l'Hôtel-de-Ville, et tout au moins par certaines communautés religieuses. On ne s'expliquerait pas autrement le prêt fait, par les échevins, de la maison de ville, par les Augustins, de leur réfectoire, pour la tenue du Palinod.

Mais en quoi consistait ce Palinod, quel était son objet, à quelle époque avait-il été fondé? J'aurais pu chercher longtemps une réponse à ces questions, et probablement sans aucun succès. Heureusement j'ai rencontré dans un mémoire de procédure, le récit suivant que je transcris dans sa simplicité. Il s'agit d'une plainte portée contre le prieur Le Tellier par le receveur général établi à l'Hôtel-Dieu par l'administration nouvelle, probablement dans l'intervalle qui s'écoula entre l'arrêt du Parlement du mois de juin 1553, et les lettres-patentes de 1554.

« Se plainct Bréard de ce que, le samedi dernier neuflesme jour de ce présent mois de septembre, le prieur l'injuria et menassa furieusement en l'alée près du Bureau de l'Hostel-Dieu. Et convient entendre que ledit Bréard estant sur les deux à trois heures après-midy au Bureau dudit Hostel-Dieu faisant sa charge, arriva une pauvre femme envoyée par ledit prieur à messieurs pour avoir payement à elle deub par icelluy prieur pour moustarde à luy baillée durant son administration. Laquelle fut renvoyée par lesdits sieurs gouverneurs audit prieur comme chose faicte de son temps. Lequel prieur rugissant en ladite allée commença furieusement crier : Ils confessent doncq qu'ils sont mes vallets, puisqu'ils vous renvoyent vers moy. Et toujours persistait en son tumulte. Pendant lequel temps ledit Bréard sortit en ladicte allée pour parler à ung pauvre homme hucher, et, advisant ledit prieur, mist la main au bonnet, luy disant : Bon soir, mons^r le prieur. — Lequel luy respondit : Dieu vous gard, mon maistre. — Ce fait, s'en retourna dedans le Bureau ledit Bréard. Et tousjours se tourmentoit ledit prieur demandant à quelques personnes estant en ladite allée : Qui est cestuy là qui parloit à moy ? — Ce reppétant par plusieurs fois et menassant lesdits gouverneurs, fut envoyé par iceulx ledit Bréard audit prieur sçavoir qu'il vouloit et qu'il fit ung peu de silence ; ce qui fut fait, et demanda ledit Bréard audit prieur : Monsieur, vous demandez qui je suis. — Voire, dit le prieur. — Je suis, dit ledit Bréard, Romain Bréard, recepveur général establi céans par messieurs. — Quels messieurs ? dict le prieur. Il n'y a point d'autres messieurs céans que nous. — Respond

Bréard : J'entens messieurs les présidents et aultres gouverneurs qui sont là dedans au Bureau qui sont mes maistres. — Tes maistres ! dit le prieur. Je te monstreray bien que je suis ton maistre. Est-ce pas toy qui as faict ung chant roial de pierre dure et de pierre mole au Puy des pauvres dernier, et une ballade où il y avoit : Faictes de la pierre du pain. — Ouy, respond ledit Bréard, c'est moy, j'en ay eu le prix de la ballade. Pourquoy doncq ? Est-elle poinct bonne et chrestienne ? La maison de céans eust bien besoing de tel miracle, car messieurs n'y ont trouvé ny pain ny paste. J'ay monstré mes œuvres à gentz doctes et scavantz. Qu'en voulez-vous dire ? — Va, belistre, dict le prieur, ne te soulcye. J'ay bien fait ta saulce à mons^r le garde des seaulx. Il est bien adverti qui tu es. Es-tu pas des enfuys et des proscripts de ceste ville? Va, petit flatteur, pour avoir fait un chant roial où tu as dit cher président, tu as trois cens livres de rente de mon bien. Tu debvois dire : Prince du Puy, non pas cher président. — Bréard luy respont : Je n'ay poinct fait de chant roial de président ny de conseiller. J'ay faict un chant roial de Dieu et de ses pauvres. Ne vous démentez point, je vous prie, de corriger mes chantz roiaulz. Et de fait sur l'original desdictes œuvres ne se trouvera ung seul mot de président. — Les moynes arriverent sur ce poinct, et laissa là monsieur le prieur ledit Bréard, retournant au Bureau faire le récit de tout à Messieurs. »

On voit par cette citation que le Palinod dés pauvres était une institution récente, que c'était un concours poétique ouvert par l'administration nouvelle, en l'honneur de la charité. Il avait ses princes comme le

Puy de l'Immaculée Conception. — Ainsi le Chant royal de Bréard, couronné en 1552, était envoyé au président Petremol, comme prince du Puy. L'auteur, selon l'usage du temps, avait joué sur le mot ainsi qu'il paraît par les plaisanteries du prieur Le Tellier.

Bréard, pour le dire en passant, n'en était point à son coup d'essai. — Son nom figure plusieurs fois en tête de pièces de vers alambiqués, comme on savait en faire à l'époque, dans un petit livret extrêmement rare imprimé à Rouen, intitulé le *Puy d'amour*. (1)

Je suis très porté à croire que ce Palinod ne dura que très peu d'années, faute de princes ou de poëtes. Il n'en est pas question dans les registres postérieurement à 1556.

En finissant ces notes sur l'Hôtel-Dieu de Rouen, je dois signaler le petit nombre de pauvres admis dans cette maison, dans les dernières années du xvi° siècle et dans les premières du siècle suivant. — Il y en avait une cinquantaine au mois de juillet 1582 ; une quarantaine en janvier 1602 ; de vingt à cinquante en juillet et en août de la même année ; vingt-huit le dernier jour de juin 1607.

L'administration avait été enlevée à la communauté religieuse en 1554, principalement pour avoir réduit l'assistance dans des proportions qui ne semblaient pas en rapport avec les revenus et à plus forte raison avec les besoins. Et pourtant, alors, d'après les registres de

(1) On voit, par une délibération de l'Hôtel-de-Ville de Rouen, du 10 juillet 1559 (B. 2), qu'à cette époque Romain Bréard était commis aux ouvrages de la ville. Il dut mourir vers 1562, en possession du poste qui lui avait été confié dès 1554, laissant une veuve nommée Catherine Dufour.

délibérations des administrateurs, on ne comptait pas à l'Hôtel-Dieu moins de quatre-vingt-cinq pauvres. Il faut donc convenir qu'il y avait eu changement, mais non point progrès, ou que, du moins, l'amélioration ne s'était point maintenue. Cette situation aide à comprendre cette plainte exprimée dans un des canons du concile provincial de Rouen de 1582 :

« Aux évêques il appartient de prendre un soin paternel des pauvres et des personnes misérables. Mais, après avoir enlevé aux évêques et aux clercs l'administration des fabriques, on a fait passer de leurs mains dans celles des laïques, le bien des pauvres consistant en léproseries et en hôpitaux de différente espèce. Le résultat dit assez clairement quel avantage les pauvres et les églises ont tiré de ce double changement. Les biens des fabriques sont dilapidés par la plupart des laïques et appliqués à des usages étrangers. Ces mêmes laïques gouvernent des léproseries sans lépreux, des hôpitaux sans pauvres ou du moins peu s'en faut. On aliène les revenus de ces pieux établissements sous nos yeux et sans que nous puissions rien faire pour l'empêcher. Au moins qu'il nous soit permis de prier au nom de Notre Seigneur ceux qui en ont l'administration de remplir la charge ou l'office qui leur est imposé de prendre soin des malades, des pauvres, des malheureux et d'exercer l'hospitalité à laquelle ils sont tenus en y consacrant les revenus qui ont été destinés à cette fin. »

Extrait du *Précis* des Travaux de l'Académie des Sciences, Belles-Lettres et Arts de Rouen. — Année 1869-1870.

Rouen. — Imp. de H. Boissel, rue de la Vicomté, 55.

www.ingramcontent.com/pod-product-compliance
Ingram Content Group UK Ltd.
Pitfield, Milton Keynes, MK11 3LW, UK
UKHW020108100726
13658UKWH00005B/2025